Impressum
Verlag: BABADADA GmbH, Nedderfeld 112 , 22529 Hamburg
Geschäftsführer / Verlagsleitung: Harald Hof
Druck: Books on Demand GmbH, In de Tarpen 42, 22848 Norderstedt

Imprint
Publisher: BABADADA GmbH, Nedderfeld 112 , 22529 Hamburg, Germany
Managing Director / Publishing direction: Harald Hof
Print: Books on Demand GmbH, In de Tarpen 42, 22848 Norderstedt, Germany

школа

ښوونځی

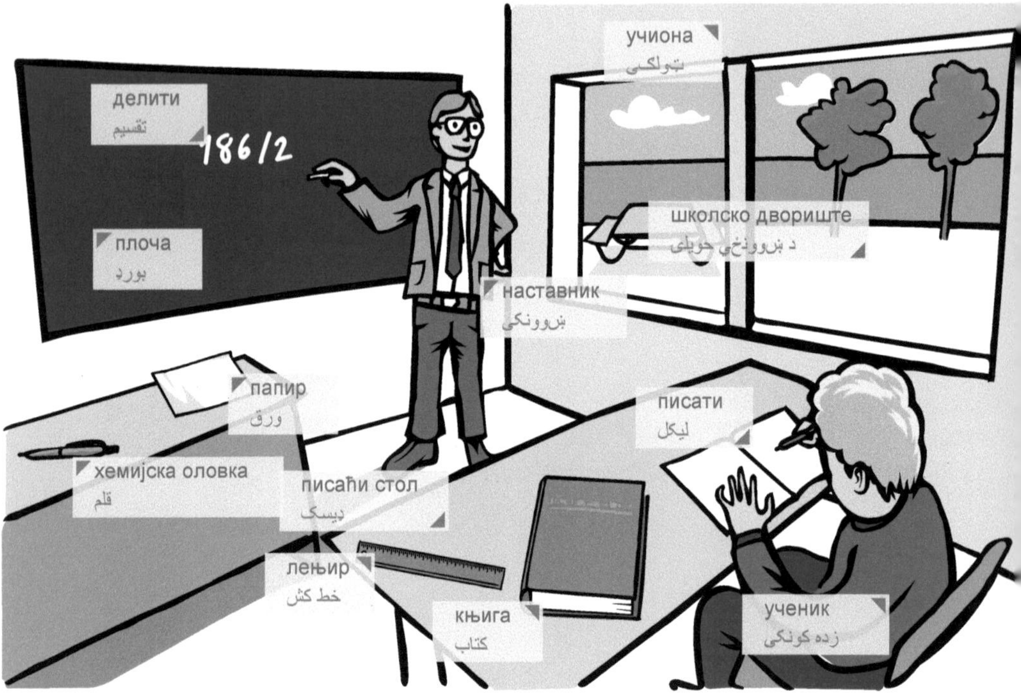
учиона
ټولګی
делити
تقسیم
186/2
плоча
بورډ
наставник
ښوونکی
школско двориште
د ښوونځي حویلی
папир
ورق
писати
لیکل
хемијска оловка
قلم
писаћи стол
ډیسک
лењир
خط کش
књига
کتاب
ученик
زده کونکی

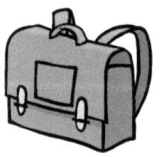

торба

کڅوړه

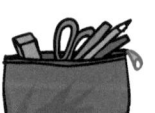

перница

د پنسل بکسه

графитна оловка

پنسل

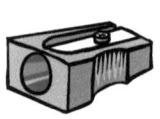

шиљило за оловке

پنسل تراش

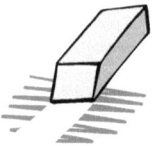

гумица за брисање

ربړ

блок за цртање

د رسامی پاڼه

цртеж

رسامي

кист

د نقاشۍ برس

кутија са бојама

د نقاشۍ بکس

маказе

قیچي

лепило

سریښ

бележница

د تمرین کتاب

домаћи задатак

کورنۍ دنده

број

شمیر

сабирати

جمع

одузимати

منفي

множити

ضرب

рачунати

حساب

слово

توری

абецеда

الفبا

реч

کلمه

текст

متن

читати

لوستل

креда

تباشير

час

درس

дневник

راجستر

испит

ازموينه

сведочанство

تصديق پاڼه

школска униформа

د ښوونځي يونيفارم

образовање

تعليم

лексикон

دايره المعارف

универзитет

پوهنتون

микроскоп

مايکروسکوپ

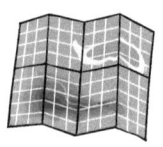

карта

نقشه

кошара за папир

اشغالدانی

хотел
هوتل

Grand

преноћиште
ليليه

ROOMS

мењачница
د اسعارو د تبادلي دفتر

CHANGE

кофер
بکس

ауто
موټر

језик

ژبه

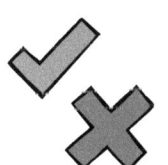

да / не

هو/نه

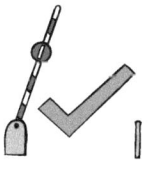

океј

سمه ده

здраво

سلام

преводилац

ژباروونکی

хвала

مننه

Колико кошта...?

ځومره دي...؟

не разумем

زه نه پوهيږم

проблем

ستونزه

добро вече!

ماښام مو پخير!

Добро јутро!

سهار په خير!

Лаку ноћ!

شپه په خير!

довиђења

په مخه مو ښه

смер

لارښود

пртљага

سامان

торба

بیک

руксак

شاتنی بکس

гост

میلمه

соба

خونه

врећа за спавање

د خوب کڅوړه

шатор

خیمه

туристичке информације

د توریزم معلومات

плажа

ساحل

кредитна картица

کریډیټ کارت

доручак

ناری

ручак

د غرمې خواړه

вечера

د شپې خواړه

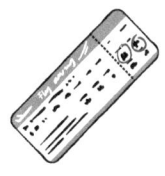

карта за вожњу

ټیکټ

лифт

لفټ

поштанска маркица

مهر

граница

پوله

царина

ګمرک

амбасада

سفارت

виза

ویزه

пасош

پاسپورټ

транспорт

ټرانسپورټ

брод
авион
الوتکه
ватрогасно возило
د اور ماشین
теретно возило
ټرک
аутобус
بس
моторни чамац
موټرکښتۍ
ауто
موټر
бицикл
بایک

трајект
....
کښتۍ

чамац
....
کښتۍ

мотоцикл
....
موټرسایکل

полицијски ауто
....
د پولیسو موټر

тркаћи ауто
....
د ریس موټر

изнајмљено ауто
....
کرایی موټر

делење аутомобила

د کرایه موټري

вучно возило

جرثقیل لرونکی ټرک

возило за одвоз смећа

ریفیوز ټرک

мотор

موټر

бензин

سونګ توکي

бензинска станица

پټرول سټیشن

саобраћајни знак

ترافیکي نښه

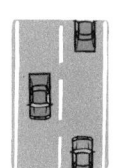

саобраћај

ترافیک

застој

جام ترافیک

паркиралиште

د موټرو تمځای

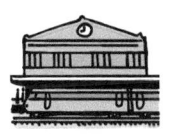

железничка станица

د ریل سټیشن

шине

پاټکي

воз

ریل

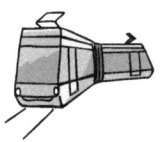

трамвај

ټرام

вагон

واګون

хеликоптер

چورلکه

аеродром

هوايي ډګر

кула

برج

путник

مسافر

контејнер

کانټينر

картон

کارتون

колица

کارټ

корпа

ټوکری

узлетети / слетети

الوتنه کول/کښېناستل

град

ښار

село

کلی

центар града

د ښار مرکز

кућа

کور

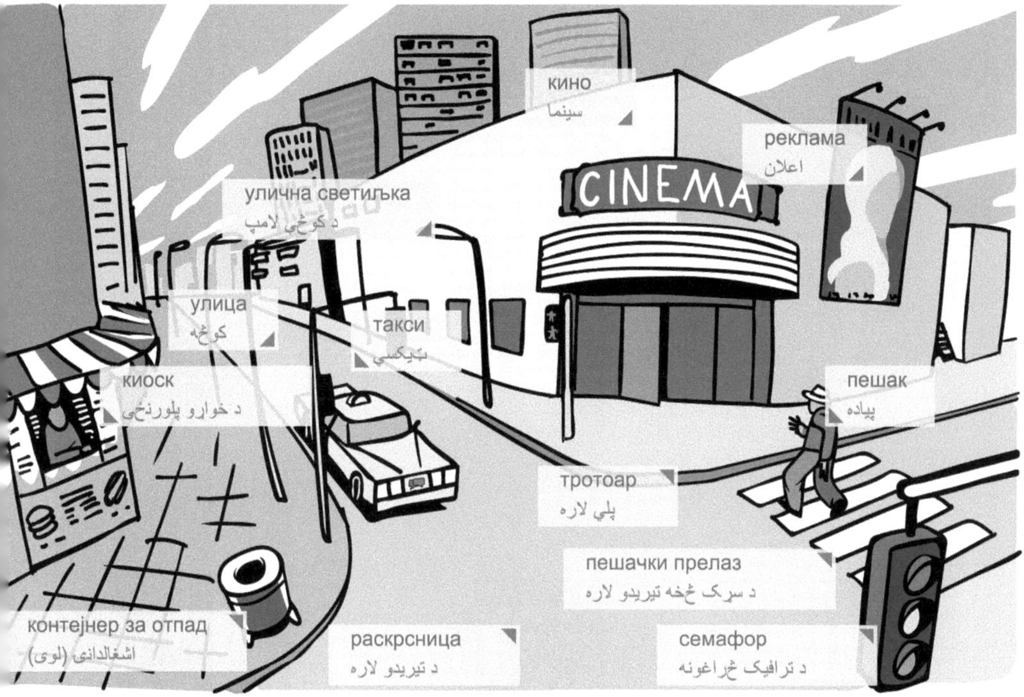

кино
سینما

реклама
اعلان

улична светиљка
د کوڅې لامپ

CINEMA

улица
کوڅه

такси
ټېکسي

пешак
پیاده

киоск
د خوارو پلورنځی

тротоар
پلي لاره

пешачки прелаз
د سرک څخه تیریدو لاره

контејнер за отпад
اشغالدانۍ (لوی)

раскрсница
د تیریدو لاره

семафор
د ترافیک څراغونه

колиба

کوډله

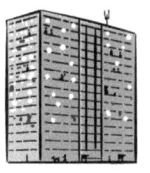

стан

اپارتمان

железничка станица

د ریل سټیشن

већница

ټاون هال

музеј

میوزیم

школа

ښوونځی

универзитет
....
پوهنتون

банка
....
بانک

болница
....
روغتون

хотел
....
هوټل

апотека
....
درملتون

канцеларија
....
دفتر

књижара
....
کتاب پلورنځی

продавница
....
پلورنځی

цвећара
....
د ګلانو پلورنځی

супермаркет
....
لوی پلورنځی

трг
....
مارکیټ

робна кућа
....
د ډیپارټمنټ سټور

рибарница
....
کب پلورنځی

трговачки центар
....
د پلور مرکز

лука
....
لنګرتون

парк

پارک

клупа

بینچ

мост

پل

степенице

زینه

подземна железница

د ځمکې لاندې

тунел

تونل

аутобуска станица

بس تمځای

бар

بار

ресторан

ریسټورانټ

поштанско сандуче

پوست بکس

улични знак

د کوڅې نښه

паркирни аутомат

د پارک کولو میټر

зоолошки врт

ژوبڼ

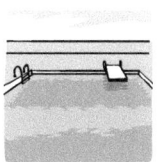

базен

د لامبو حوض

џамија

مسجد

сеоско газдинство

کرونده

загађење околине

ناپاکي

гробље

هدیره

црква

چرچ

игралиште

د لوبو ډګر

храм

معبد/کلیسا

пејсаж

منظره

лист
پاڼه
путоказ
د لارښووني نښه
пут
لاره
ливада
چمن
камен
کاڼی
шетач
هیکر
дрво
ونه
река
سیند
трава
واښه
цвет
ګل

долина

دره

планина

غونډۍ

језеро

ناور

шума

ځنګل

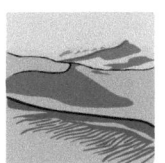

пустиња

دښته

вулкан

اورشیندی

дворац

کلا

дуга

رنګین کمان

гљива

مرخیړي

палма

پلم ونه

москито

ماشي

мува

الوتل

мрав

میږی

пчела

مچۍ

паук

غونډل/جولا

буба

كونگت

жаба

چونگشه

веверица

نولى

јеж

زيركى

зец

سوى

сова

كونگ

птица

مرغى

лабуд

قازه

дивља свиња

نرخوگ

јелен

هوسى

лос

گاوزه

насип

بند

ветрењача

بادي توربين

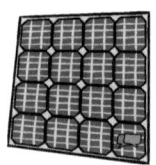

соларна плоча

سولر تختى

клима

اقليم

ресторан

ريسټورانټ

конобар
پېشخدمت
јеловник
مينو
столица
супа
سوپ
пица
پيزا
прибор за јело
ښاخې، چاقو، کاشوغه
столњак
د ميز ټوټه

предјело

سټارټر

главно јело

اصلي خواړه

десерт

شيريني

напитци

څښاک

јело

خواړه

флаша

بوتل

брза храна

فاسټ فوډ

имбис храна

د کوڅې خواړه

чајник

چای جوش

доза за шећер

قندانی

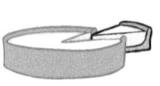

порција

برخه

апарат за еспресо

اسپرسو مشین

висока столица

لوړه چوکۍ

рачун

رسید

послужавник

مجمه

нож

چاکو

виљушка

پنجه

кашика

قاشق

чајна кашика

چای قاشق

салвета

سورویت

чаша

گـلاس

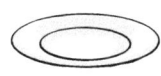

тањир

پلیټ

тањир за супу

د سوپ پلیټ

тањирић

نالبکی

сос

ساس

сољенка

مالګه شیندونکی

млин за бибер

د مرچ ټکولو لوخی

сирће

سرکه

уље

غوړي

зачини

مساله

кечап

کچ اپ

сенф

شرشم

мајонеза

چکه

супермаркет

لوی پلورنځی

понуда
ځانګړی وړاندیز
купац
پیرودونکی
млечни производи
لبنیات
میوه
колица за куповину
لاسي ګاډی

месница

قصابي

пекара

نانوایی

вагати

وزن کول

поврће

سبزیجات

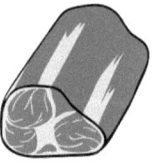

месо

غوښه

смрзнута храна

کنګل خواړه

нарезак

يخه غوښه

конзерве

كنسروا خواړه

средство за прање

د مينځلو پوډر

слаткиши

شيريني

артикли за домаћинство

کورني توليدات

средства за чишћење

د پاکولو محصولات

продавачица

د پلور فرد

благајна

د نغدي راجستر

благајник

صراف

листа за куповину

د پيرود ليست

време рада

کاري ساعتونه

новчаник

بټوه

кредитна картица

کريډيټ کارت

торба

کڅوړه

пластична кеса

پلاستيک کڅوړه

напитци

څښاک

вода

اوبه

сок

جوس

млеко

شیده

кола

کوک

вино

واين

пиво

بير

алкохол

الکول

какао

ککاو

чај

چاى

кава

کافي

еспресо

اسپرسو

капућино

کپچينو

јело
خواړه

банана

کيله

јабука

مڼه

наранџа

نارنج

лубеница

هندواڼه

лимун

ليمو

шаргарепа

گـازره

бели лук

هوږه

бамбус

بانگس

лук

پياز

гљива

مرخيړي

орашасти плодови

چغزی

резанци

آش

шпагете

سپېگټي

рижа

وريجي

салата

سلاد

помфрит

چپس

печени крумпир

سره کړي کچالو

пица

پيزا

хамбургер

همبرګر

сендвич

ساندويچ

шницла

کتره

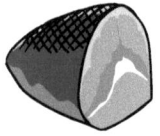

шунка

د پټوَن غوښه

салама

سلمي

кобасица

ساسج

кокош

چرګ

печење

روست

риба

کب

зобене пахуљице

د وربشي شیرني

мусли

موسلي

кукурузне пахуљице

د جوار پلی

брашно

اوړه

кроасан

کروسانت

пециво

د ډوډۍ رول

хлеб

ډوډۍ

тоаст

ټوسټ

кекси

بسکیټ

маслац

کوچ

свежи сир

چکه

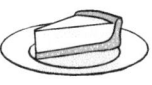

колач

کیک

jaje

هګۍ

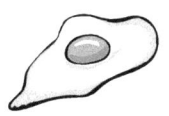

jaje на око

پنیري هګۍ

сир

پنیر

сладолед

....

آیس کریم

шећер

....

بوره

мед

....

شهد

мармелада

....

مربا

нугат крема

....

نوګاټ کریم

кари

....

کورکمان

сеоско газдинство

کرونده

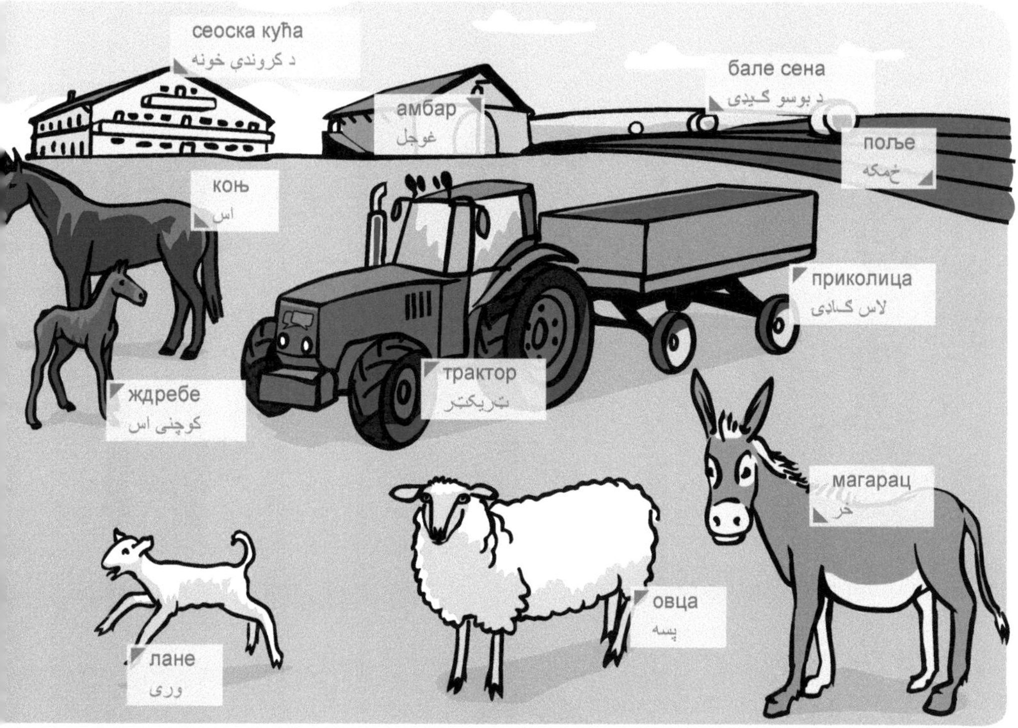

сеоска кућа
د کروندې خونه
бале сена
د بوسو ګيډۍ
амбар
غوجل
поље
ځمکه
коњ
اس
приколица
لاس ګاډی
трактор
ټريکټر
ждребе
کوچنی اس
магарац
خر
овца
پسه
лане
وری

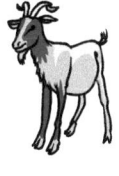

коза

وزه

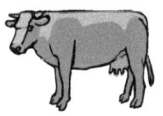

крава

غوا

теле

خوسکی

свиња

خوګه

прасе

د خوګ بچی

бик

غويی

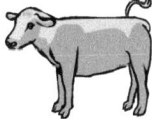

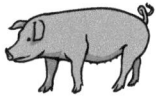

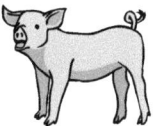

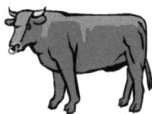

гуска

بته

патка

هیلی

пилићи

چرګوړی

кокош

چرګه

петао

بانګي

пацов

سارای موږک

мачка

پیشک

миш

موږک

вол

غویی

пас

سپی

кућица за пса

د سپي خونه

вртно црево

د باغ هوز

канта за поливање

د اوبو لوخی

коса

لور (داس)

плуг

یوی

срп

لور

мотика

رمبی

виљушка за ђубриво

ښاخی

секира

تبر

тачке

کراچۍ

корито

ناوه

посуда за млеко

د شیدو لوخی

врећа

جوال

ограда

کټاره

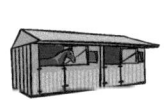

штала

مضبوط

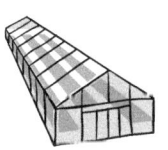

стакленик

شنه خونه

земља

خاوره

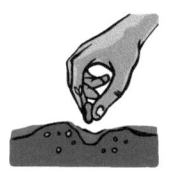

семе

تخم

ђубриво

سره/کود

комбајн

ګډ رېبونکی ماشین

жети

....

زیرمه کول

жетва

....

درمند

јамс зачин

....

خواږه کچالو

пшеница

....

غنم

соја

....

سویا

крумпир

....

کچالو

кукуруз

....

جوار

уљана репица

....

نباتي تخم

воћка

....

د میوې ونه

гомољ маниоке

....

مانیوک

житарице

....

غله

кућа

کور

димњак
кров
بام
жлеб
ناودان
прозор
کړکۍ
гаража
ګراج
звоно
د دروازې زنګ
врата
دروازه
корпа за отпад
اشغالدانۍ
поштанско сандуче
د ليک بکس
врт
باغ

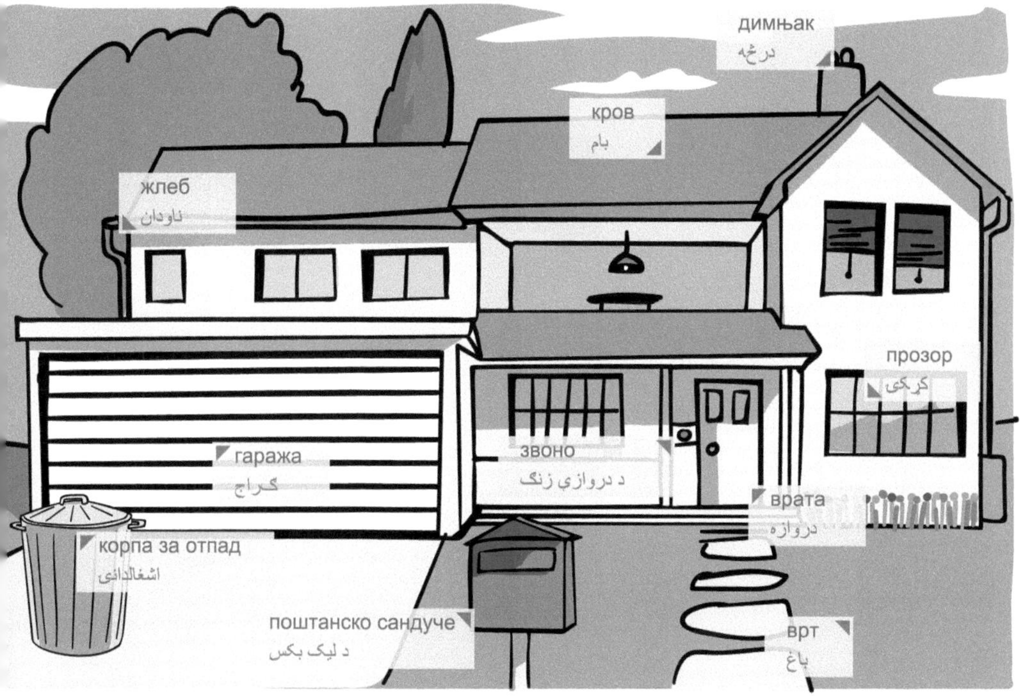

дневна соба

د اوسيدو خونه

купаоница

حمام

кухиња

پخلنځی

спаваћа соба

د ويده کيدو خونه

дечија соба

د ماشوم خونه

трпезарија

د خوړو خونه

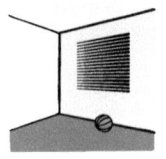

под

فرش

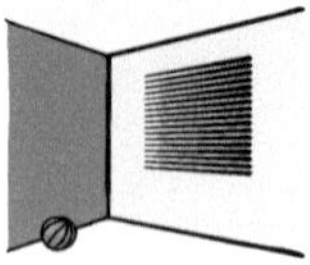

зид

دیوال

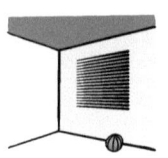

строп

چت

подрум

زیرخانه

сауна

سونا

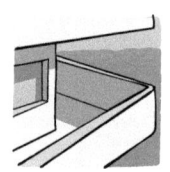

балкон

بالکوني

тераса

ټراس

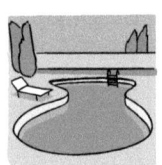

базен

حوض

косилица за траву

د چمن وهلو ماشین

постељина за кревет

شیټ

дека за кревет

روجایی

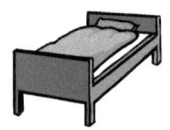

кревет

تخت

метла

جارو

канта

بوکه

прекидач

سویچ

дневна соба

د اوسیدو خونه

тапета
والپیپر
слика
عکس
светиљка
لامپ
регал
شیلف
ормар
الماری
камин
نغری
телевизија
تلویزیون
цвет
јастук
بالښت
кауч
صوفه
ваза
گلدانی
даљински управљач
ریموټ کنټرول

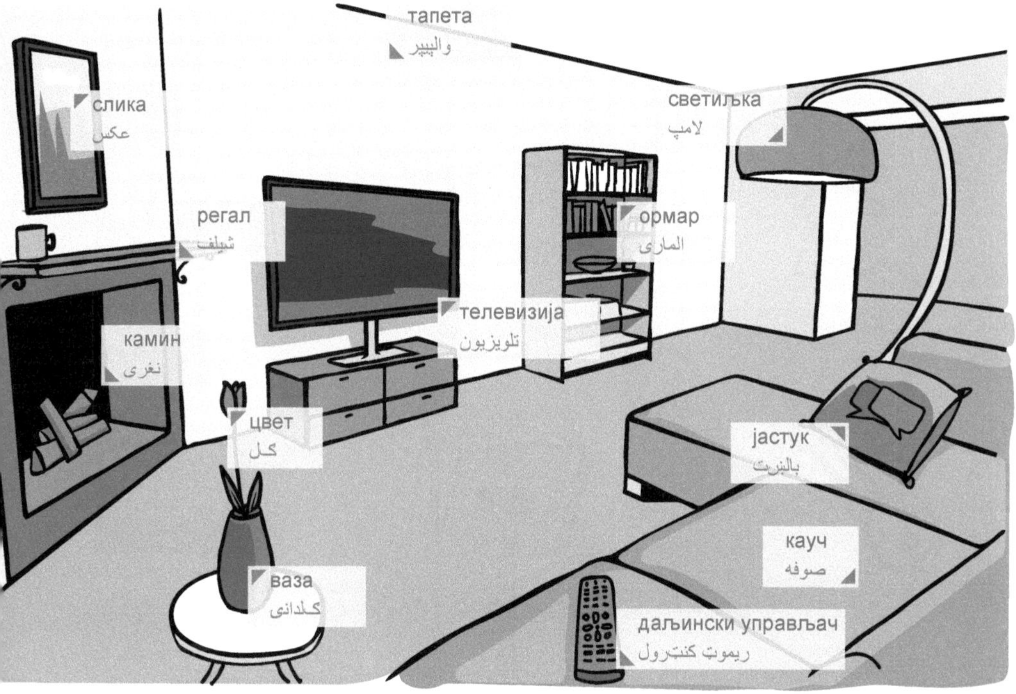

тепих

غالی

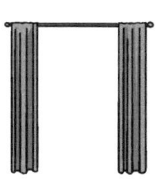

завеса

پرده

сто

میز

столица

چوکۍ

столица за њихање

تاوېدونکې چوکۍ

фотеља

بازو لرونکې چوکۍ

книга

کتاب

дека

کمپل

декорација

ډیکوریشن

дрво за огрев

د اور لرګي

филм

فلم

хи-фи уређај

هاي-فای

кључ

کلي

новине

ورځپاڼه

слика на платну

نقاشي

постер

پوسټر

радио

راډیو

блок за писање

کتابچه

усисивач

واکیوم جارو

кактус

کاکتوس

свећа

شمع

кухиња

پخلنځی

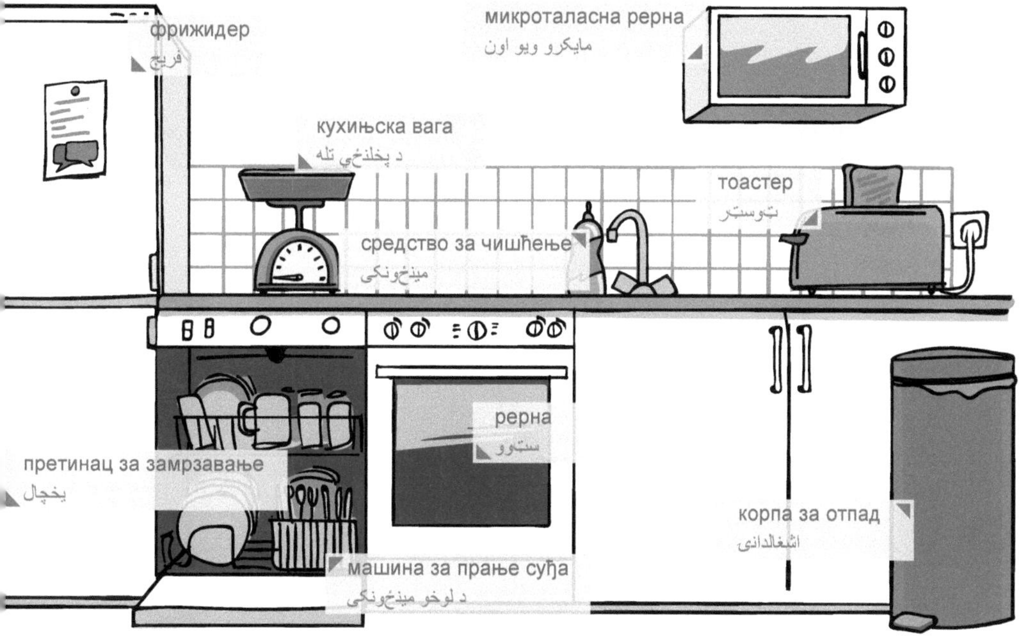
фрижидер
فریج
микроталасна рерна
مایکرو ویو اون
кухињска вага
د پخلنځي تله
тоастер
ټوسټر
средство за чишћење
مینځونکی
рерна
سټوو
претинац за замрзавање
یخچال
корпа за отпад
اشغالدانی
машина за прање суђа
د لوخو مینځونکی

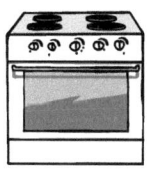

шпорет

دیگ بخار

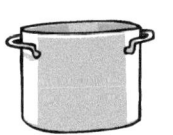

лонац

لوخی

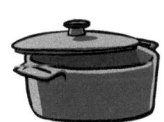

гвоздени лонац

چدني لوخی

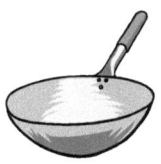

вок / кадаи

ووک

тава

د تلې پېه

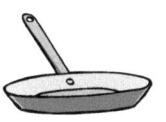

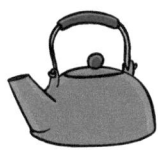

кувало за воду

چای جوش

кувало на пару

د بخار دیګ

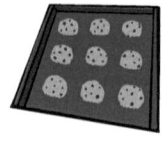

лим за печење

پتنوس

посуђе

لوخي

чаша

مګ

посуда

کاسه

штапићи за јело

د رانیولو اوزار

кутлача

څمڅی

лопатица

کفګیر

пењача

پاکونکی

сито за кување

صافي

сито

غلبیل

рибеж

ګریټر

мужар

اونګ

роштиљ

بار بي کیو

огњиште

خلاص اور

даска

تخته

оклагија

هوارونکی

вадичеп

کارک سکریو

конзерва

ټيم

отварач конзерви

د ټيم خلاصونکی

крпа за лонац

د لوخي ټوټه

судопер

ظرف شوی

четка

برس

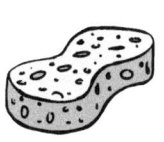

сунђер

سپنج

миксер

بليندر

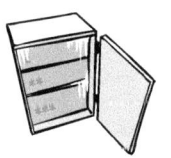

замрзивач

ژور يخچال

флашица за бебе

د ماشوم بوتل

славина за воду

نل

купаоница

حمام

грејање
تودول
пешкир
جان پاک
туш
شاور
завеса за туш
د شاور پرده
пенушава купка
ببل حمام
када
د حمام ټب
чаша
ګلاس
машина за прање веша
د مینځلو مشین
славина за воду
نل
плочице
ټایلونه
тута
يو ډول کمود
судопер
ظرف شوی

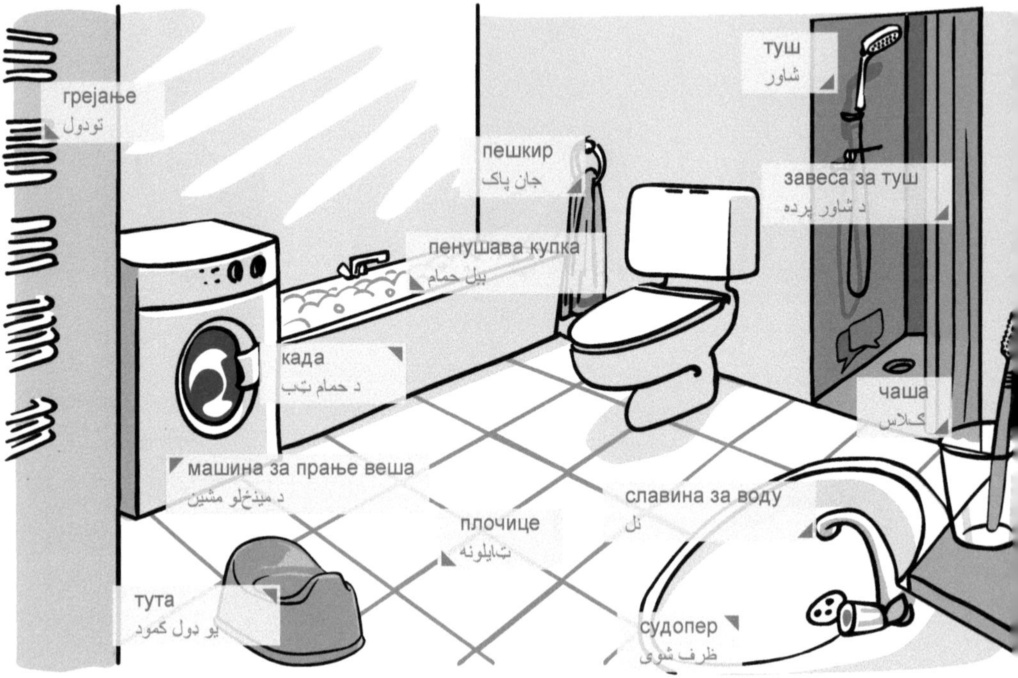

тоалет

تشناب

чучавац

فرشي کمود

бидет

کمود

писоар

د متیازو ځای

тоалетни папир

تشناب کاغذ

четка за тоалет

د تشناب برس

четкица за зубе

د غاښونو برس

паста за зубе

د غاښونو کریم

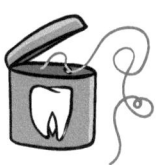

конац за зубе

د غاښونو نخ

прати

مینځل

туш ручица

لاسي شاور

туш за прање интимних делова

دوش

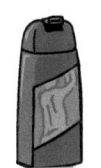

лавор

خانک

четка за прање леђа

د شا برس

сапун

صابون

гел за туширање

د شاور ژل

шампон

شامپو

крпа за прање

فلانل جامه

одвод

وچول

крема

کریم

дезодоранс

سپری

огледало

....

آينه

козметичко огледало

....

لاسي آينه

бријач

....

ريزر

пена за бријање

....

د خريلو فوم

лосион за после бријања

....

د خريلو وروسته

чешаљ

....

ګمنځ

четка

....

برس

фен за косу

....

د ويښتانو وچونکی

спреј за косу

....

د ويښتانو سپری

шминка

....

ميک اپ

руж за усне

....

ليپ ستيک

лак за нокте

....

د نوکانو پالش

вата

....

کاټن وړی

маказе за нокте

....

ناخن ګير

парфем

....

عطر

козметичка торбица

....

د مېنځلو کڅوړه

столица

....

سټول

вага

....

د وزن کولو تله

огртач

....

د حمام پوښاک

рукавице за чишћење

....

د ربړ دستکش

тампон

....

ټامپون

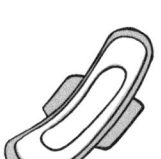

уложак

....

صحيي جان پاک

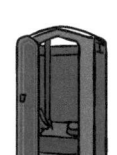

хемијски тоалет

....

کیمیکل تشناب

дечија соба

د ماشوم خونه

будилник
د الارم ساعت
плишана играчка
د لوبو وسایل
ауто играчка
د ناڅکي موټر
звечка
ریټل
кућица за лутке
د ناڅکو خونه
поклон
ډالۍ

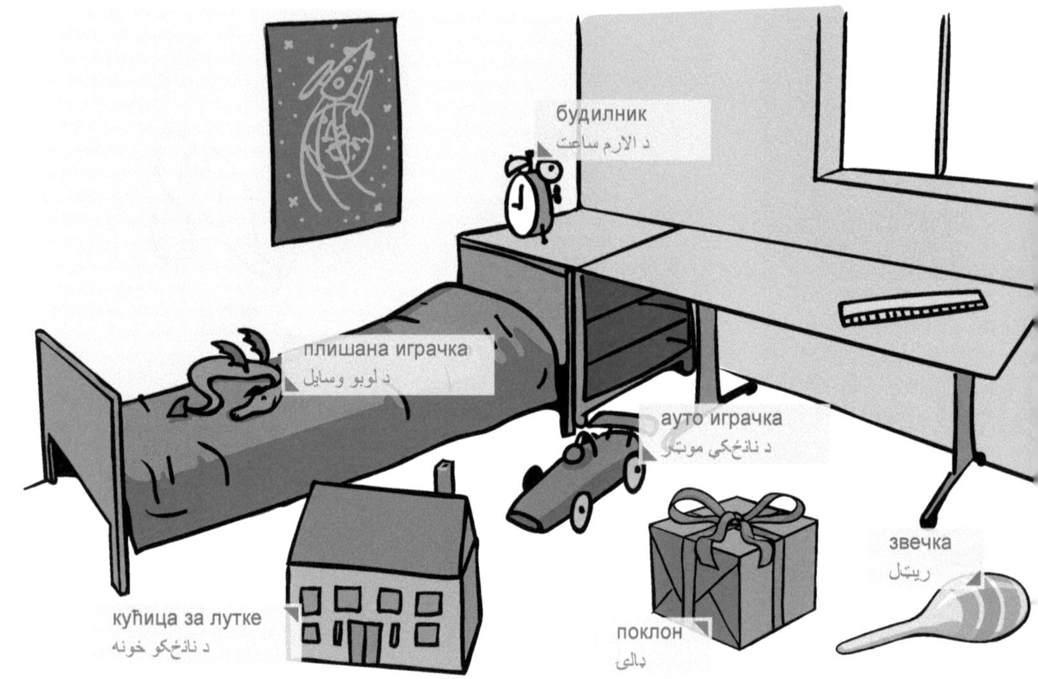

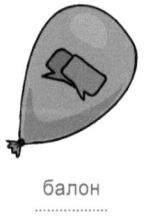

балон

بالون

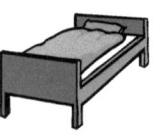

кревет

تخت

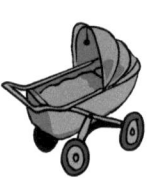

дјечија колица

کالسکه

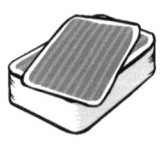

игра са картама

د لوبو ورقي

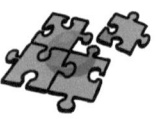

слагалица

جیکسا

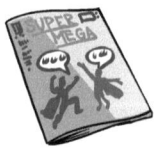

стрип

مسخره

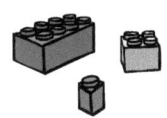

лего коцкице

لیګو بریک

коцкице за слагање

د ناڅکو بلاک

акциони јунак

د اکشن فیګور

бенкица за бебе

د ماشوم پوښاک

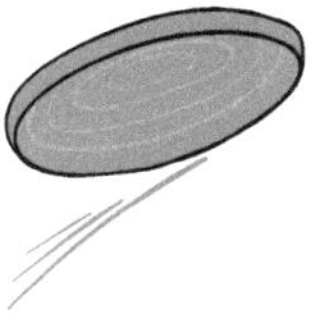

фризби

فریزبي

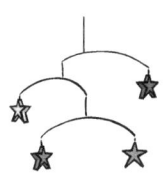

висеће играчке

موبایل

друштвене игре

بورډ لوبه

коцка

تاس

минијатурна железница

ماډل ریل سیټ

дуда

ګونګشی

забава

پارټي

сликовница

د عکسونو البوم

лопта

بال

лутка

ناڅکه

играти

لوبیدل

пешчаник

د شګو کنده

љуљачка

سوینګ

играчка

نانځکي

конзола за игре

د ویډیو لوبو کنسول

трицикл

ټرای سایکل

теди

ګوډکه

ормар

د کالو الماری

одећа

پوښاک

кратке чарапе

جرابي

чарапе

لوړي جرابي

хулахопке

ټایټس

шал زروکي

каиш کمربند

кишобран چتري

мајица ټي شرت

чизме بوټان

патике سنيکر

папуче سلپر

сандале
....
سينډل

ципеле
....
بوټان

гумене чизме
....
د ربر بوټان

гаћице
....
زيرنيکري

грудњак
....
سينه بند

поткошуља
....
واسکټ

боди

بادي

панталоне

پتلون

фармерке

جينز

сукња

لمن

блуза

بلاوز

кошуља

شرټ

џемпер

بنیان

џемпер с капуљачом

سویټر

сако

بلیزر

јакна

جاکټ

мантил

کوټ

кабаница

د باران کوټ

костим

پوښاک

хаљина

کالي

венчаница

د واده پوښاک

одело

دريشي

спаваћица

د شپې پوښاک

пиџама

پاجامه

сари

ساري

марама за главу

لوپټه

турбан

پټکی

бурка

برقه

кафтан

کفتن

абаја

عبا

купаћи костим

د لامبو پوښاک

купаће гаћице

نیکر

кратке панталоне

شارټ

одећа за тренинг

د ځغاستې پوښاک

кецеља

پیش بند

рукавице

دستکش

дугме

бټن

наочаре

عینک

наруквица

لاس بند

огрлица

غاړه کۍ

прстен

ګوتمه

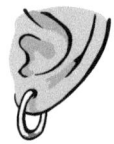

наушница

غوږوالۍ

капа

خولۍ

вешалица

کوټ بند

шешир

خولۍ

кравата

ټایی

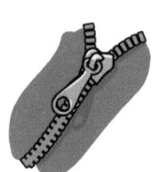

патент затварач

ځنځیر

кацига

هیلمیټ

нараменице

تړونکی

школска униформа

د ښوونځي یونیفارم

униформа

یونیفارم

подбрадак

بيب

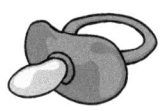

дуда

کونکشی

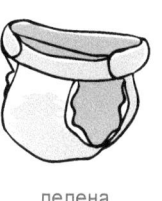

пелена

نيپي

канцеларија
دفتر

сервер
سرور

ормар за списе
د دوسيه الماری

штампач
پرينټر

монитор
مانيټور

папир
ورق

миш
ماوس

писаћи стол
ډيسک

мапа
فولدر

тастатура
کي بورد

кошара за папир
اشغالدانی

компјутер
کمپيوټر

столица
چوکی

шалица за каву

د کافي پياله

калкулатор

کالکولېټر

интернет

انټرنيټ

лаптоп

لپ ټاپ

писмо

لیک

порука

پیغام

мобилни телефон

موبایل

мрежа

نیټورک

уређај за копирање

فوټوکاپیر

софтвер

سافټویر

телефон

تلیفون

утичница

پلګ ساکټ

факс

فکس مشین

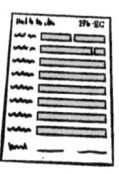

формулар

فارم

документ

سند

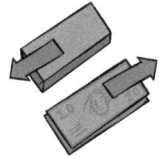

куповати

پیرل

платити

تادیه کول

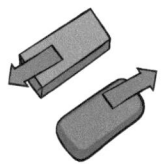

трговати

سوداګري کول

новац

پیسی

 USD

долар

ډالر

 EUR

евро

یورو

 JPY

јен

ین

 RUB

рубља

ربل

 CHF

швајцарски франак

سویسي فرانک

 CNY

ренминдби јуан

رینمینبي یوان

 INR

рупија

روپی

аутомат за новац

د نغدي پیسو ځای

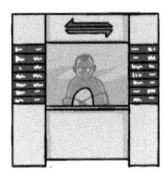

мењачница

د اسعارو د تبادلي دفتر

злато

سره زر

сребро

سپين زر

нафта

تيل

енергија

انرژي

цена

نرخ

уговор

قرارداد

порез

ماليه

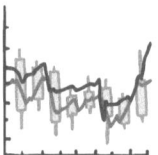

деонице

اسهام

радити

کار کول

службеник

کارمند

послодавац

کار ګومارونکی

фабрика

فابريکه

продавница

پلورنځی

занимања

مسلکونه

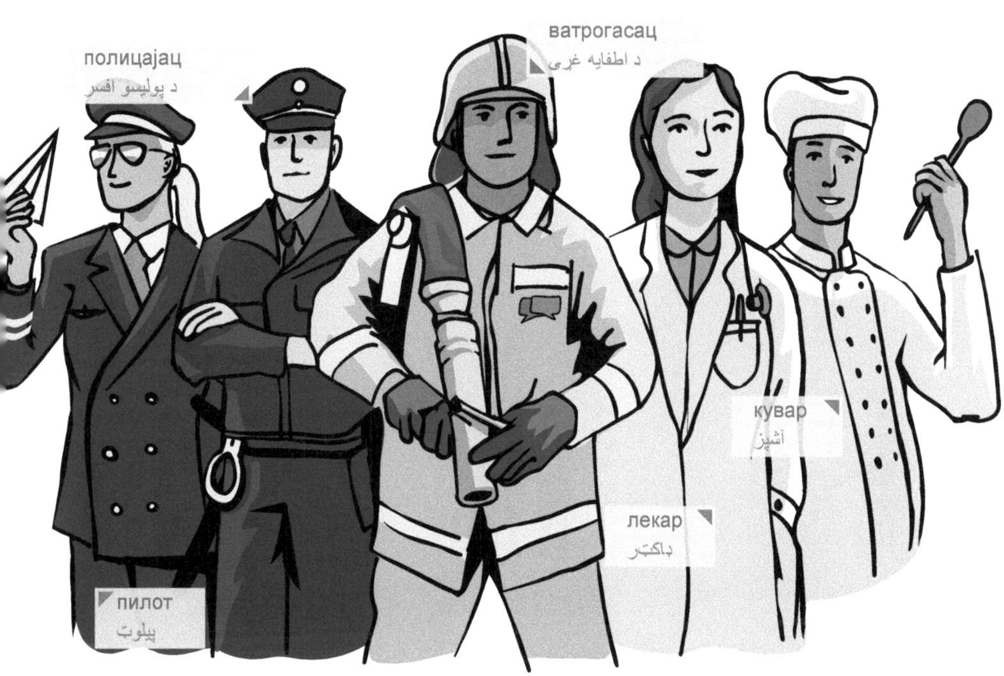

полицајац
د پولیسو افسر
ватрогасац
د اطفایه غړی
кувар
آشپز
лекар
ډاکټر
пилот
پیلوټ

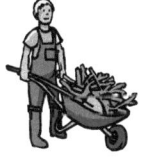

вртлар

باغوان

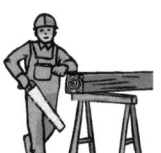

столар

نجار

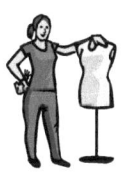

кројачица

خیاط

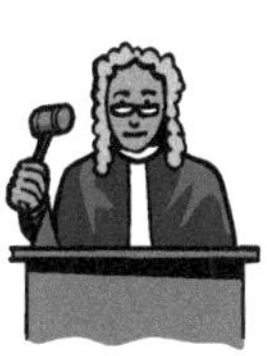

судија

قاضي

хемичар

کیمیا پوه

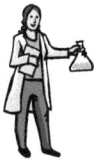

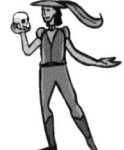

глумац

د فلم لوبغاړی

возач аутобуса

د بس ډرايور

возач таксија

د ټيکسي ډرايور

рибар

کب نيونکی

чистачица

خدمه

кровопокривач

بام جوړونکی

конобар

پېشخدمت

ловац

ښکاري

сликар

نقاش

пекар

نانوا

електричар

د برېښنا کارکونکی

грађевински радник

تعمير جوړونکی

инжењер

انجنير

месар

قصاب

лимар

نلدوان

поштар

پوست رسونکی

војник

سرتیری

архитекта

مهندس

благајник

صراف

цвећар

مالیار

фризер

نایی

кондуктер

کلینډر

механичар

میکانیک

капетан

کپتان

зубар

د غاښونو ډاکټر

научник

ساینس پوه

раби

ښاغلی

имам

امام

монах

مذهبي نفر

свећеник

پادري

алати
لوازم

чекић
клешта
پلاس
одвијач
پیچکش
кључ за завртње
رینچ
џепна лампа

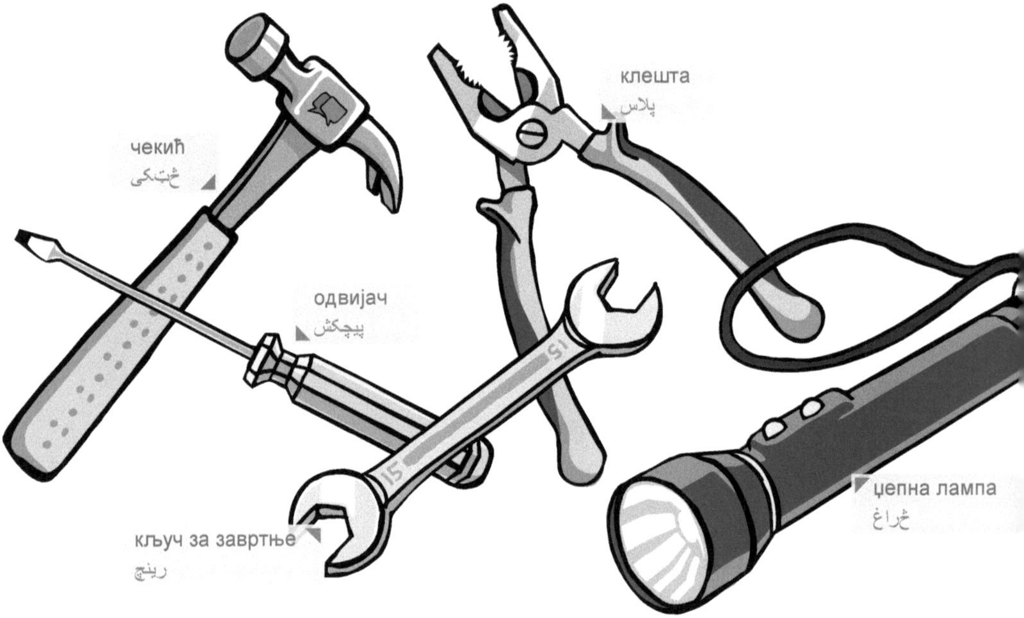

багер

کنستونکی

кутија за алат

د لوازمو بکس

мердевине

زینه

пила

اره

ексер

میخونه

бушилица

برمه

поправити

ترمیم کول

лопата

بیل

до ђавола!

لعنت!

лопатица

خاک انداز

лонац за боју

مشوانۍ

завртањи

پېچونه

музички инструмент

د میوزیک آلات

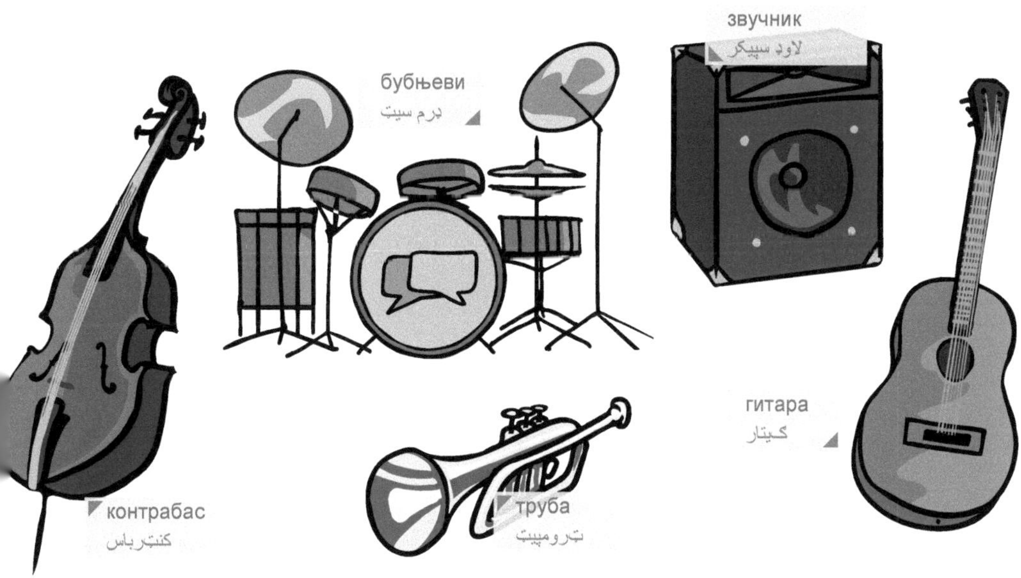

звучник

لاوډ سپیکر

бубњеви

درم سیټ

гитара

کیتار

контрабас

کنترباس

труба

ترومپیټ

клавир
....
پيانو

виолина
....
وايلن

бас
....
باس

тимпани
....
نغاره

удараљке за бубњеве
....
درمونه

типке клавира
....
کي بورد

саксофон
....
سيکسافون

флаута
....
شپيلی

микрофон
....
مايکروفون

تیګر — تیگر

кавез — پنجره

зебра — ګوره خر

храна за животиње — د ژوبیو خواره

улаз — ننوتلاره

панда — پانڈا

животиње

ژوی

слон

هاتي

кенгур

کنګرو

носорог

د اوبو اسپ

горила

ګوریلا

медвед

ایږه

камила

اوښ

нoj

شترمرغ

лав

زمری

мајмун

بيزو

фламинго

غزی

папагај

طوطي

поларни медвед

قطبي ايږه

пингвин

پينګوين

ајкула

شارک

паун

طاوس

змија

مار

крокодил

تمساح

чувар у зоолошком врту

ژوبڼ ساتونکی

туљан

سيل

јагуар

جګوار

пони

یابو

леопард

پړانګ

нилски коњ

هیپو

жирафа

زرافه

орао

باز

дивља свиња

نرخوګ

риба

کب

корњача

شمشتی

морж

سمندري نولی

лисица

ګیدړه

газела

هوسۍ

спорт

ورزش

амерички ногомет
امریکایی فټبال
бициклизам
سایکل ځغلول
тенис
кошарка
باسکیټبال
пливање
لامبو
бокс
باکسینګ
хокеј на леду
د کنګل هاکي

фудбал

فټبال

бадминтон

کسیزه

атлетика

د ځغاستې لوبې

рукомет

د هندبال

скијање

سکي

поло

پولو

смејати се
خندل

скочити
ټوپ وهل

загрлити
غاړه ورکول

певати
سندري ويل

ићи
ګرځيدل

молити се
عبادت کول

пољубити
مچه کول

сањати
خوب ليدل

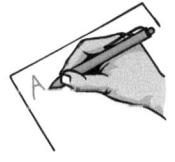

писати

ليکل

цртати

کښل

показати

ښودل

гурати

ټبله کول

дати

ورکول

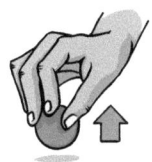

узети

اخيستل

имати

درلودل

чинити

کول

бити

پاییدل

стојати

ودریدل

трчати

منډي وهل

повлачити

راکښل

бацити

ګوزارل

падати

لویدل

лежати

څملاستل

чекати

انتظار کول

носити

وړل

седити

کښیناستل

облачити

پوښاک اغوستل

спавати

ویده کیدل

пробудити се

پاڅیدل

гледати

کتل

плакати

ژړل

миловати

برید کول

чешљати

ګمنځ کول

говорити

خبرې کول

разумети

پوهیدل

питати

غوښتل

слушати

اوریدل

пити

څښل

јести

خوړل

поспремити

پاکول

волети

مینه کول

кухати

پخلی کول

возити

موټر چلول

летети

الوتل

пловити

بیړۍ چلول

рачунати

حساب

читати

لوستل

учити

زده کول

радити

کار کول

венчати се

واده کول

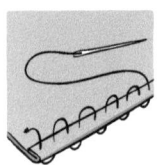

шити

ګنډل

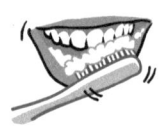

прати зубе

د غاښونو برس کول

убити

وژل

пушити

سګرټ څښل

послати

لیږل

породица

کورنۍ

бака
деда
نیکه
отац
پلار
мајка
مور
беба
ماشوم
кћерка
لور
син
زوی

гост

....

میلمه

тетка

....

ترور

ујак, стриц

....

کاکا/ماما

брат

....

ورور

сестра

....

خور

тело

بدن

чело
تندی
око
سترګې
лице
مخ
брада
زنه
прст
ګوته
раме
اوږه
рука
لاس
нога
پښه
груди
سينه
рука
مټ

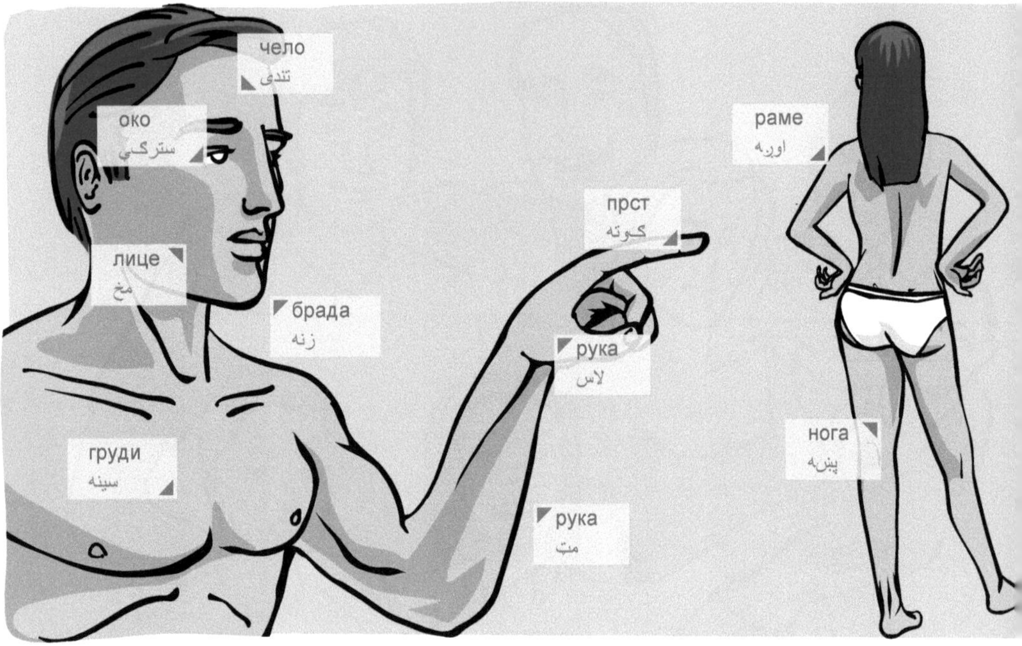

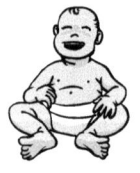

беба

ماشوم

мушкарац

سړی

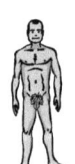

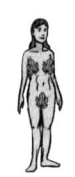

жена

ښځه

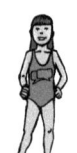

девојчица

انجلۍ

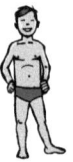

дечак

هلک

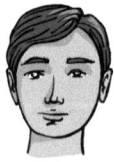

глава

سر

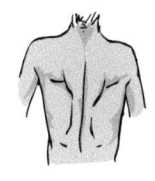

леђа

شا

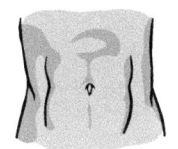

стомак

خېټه

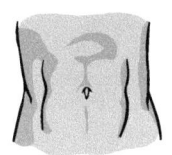

пупак

نوم

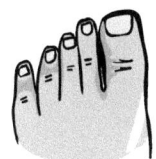

ножни прст

د پښې ګوته

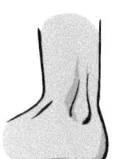

пета

پونده

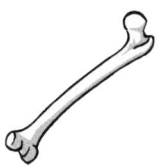

кост

هډوکی

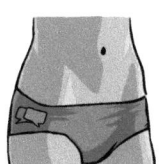

кукови

کوناټی

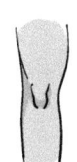

колено

زنګون

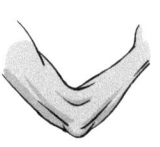

лакат

څنګل

нос

پوزه

задњица

لاندې برخه

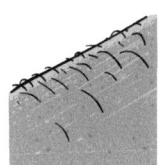

кожа

پوټکی

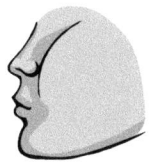

образ

غومبوری

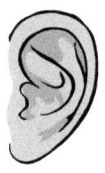

уво

غوږ

усна

شونډه

уста

خوله

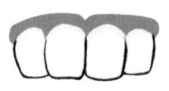

зуб

غاښ

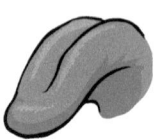

језик

ژبه

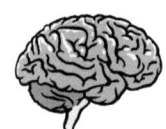

мозак

مغز

срце

زړه

мишић

عضله

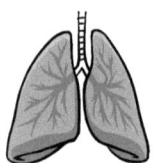

плућа

سږی

јетра

ځیګر

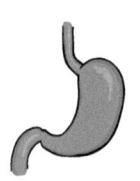

желудац

معده

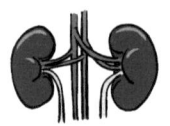

бубрези

پښتورګي

полни однос

جنسي نږدې والی

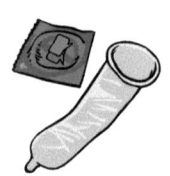

кондом

کاندوم

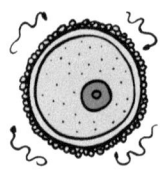

јајна ћелија

تخمه

сперма

مني

трудноћа

حمل

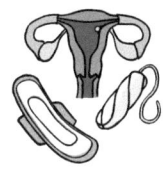

менструација

حيض

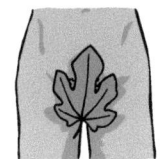

вагина

مهبل

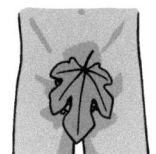

пенис

د نارينه تناسلي آله

обрва

وروځی

коса

ویښته

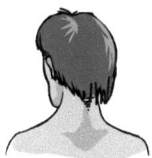

врат

غاړه

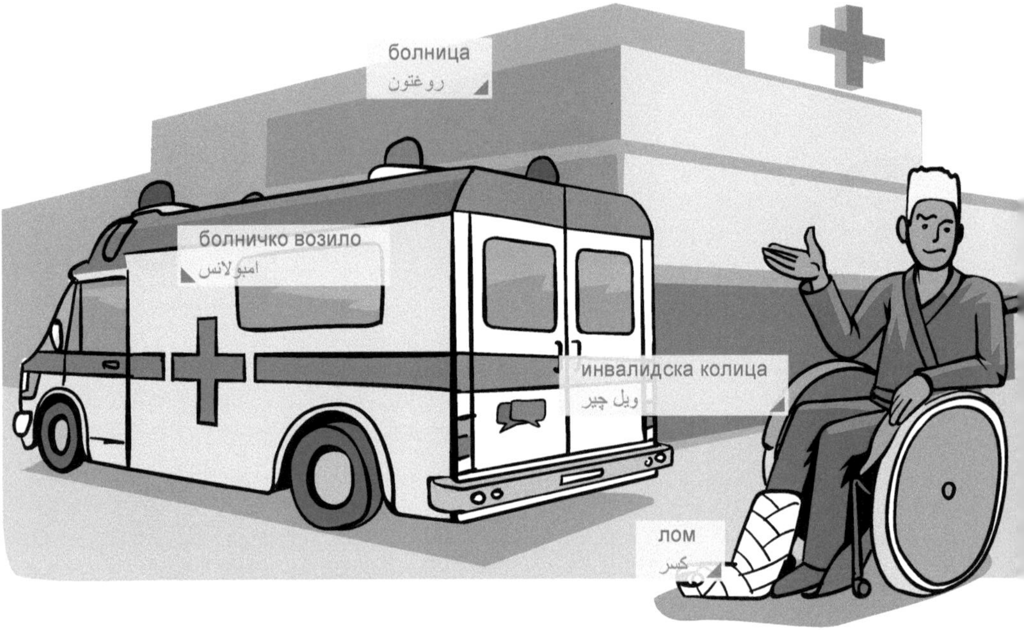

болница
روغتون

болница
болничко возило
امبولانس
инвалидска колица
ویل چیر
лом
کسر

лекар

ډاکټر

хитна медицинска служба

عاجل خونه

медицинска сестра

رنځورپال

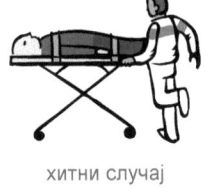

хитни случај

عاجل

несвест

بی هوش

бол

درد

повреда

ټپ

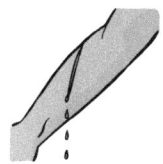

крварење

وينه تويدل

срчани удар

د زړه حمله

удар

ضرب

алергија

حساسيت

кашаљ

ټوخی

грозница

تبه

грипа

انفلوينزا

пролив

نس ناستی

главобоља

سر درد

рак

سرطان

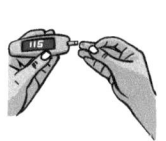

дијабетес

شکر

хирург

جراح

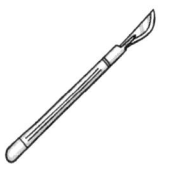

скалпел

سکالپل

операција

عمليات

цт

سي ټي

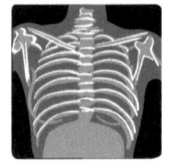

рентген

ايکس رې

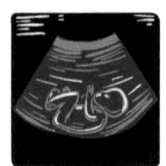

ултразвук

الټراساونډ

маска

د مخ ماسک

болест

ناروغي

чекаона

انتظار خونه

штака

امسا

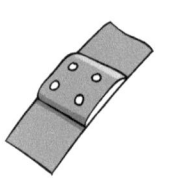

фластер

پلستر

завој

بنداژ

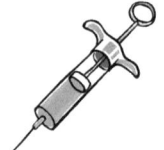

ињекција

تزريق

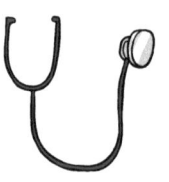

стетоскоп

ستاتسکوپ

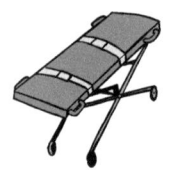

носила

تسکيره

термометар

کلينکي ترماميټر

рођење

زيږون

прекомерна тежина

زيات وزن

слушни апарат

د اوریدو مرسته

средство за дезинфекцију

د عفونیت ځخه پاکونکي مواد

инфекција

عفونیت

вирус

ویروس

хив / аидс

ایچ.آی.وی/ایډز

медицина

درمل

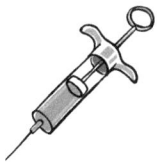

вакцинација

واکسین

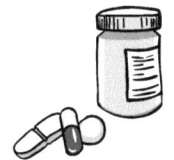

таблете

ټابلیټس

пилула

ګولی

хитни позив

عاجل تلیفون

уређај за мерење притиска

د وینې د فشار څارونکی

болесно / здраво

ناروغ/روغ

хитни случај

عاجل

помоћ!

مرسته!

аларм

الارم

насртај

يرغل

напад

بريد

опасност

خطر

излаз у случају нужде

عاجل لاره

пожар!

اور!

противпожарни апарат

د اور وژونکی

незгоца

پېښه

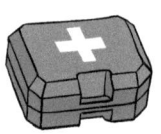

кутија прве помоћи

د لومړی مرستي لوازم

сос

ايس.او.ايس

полиција

پوليس

земља
ځمکه

Европа

اروپا

Северна Америка

شمالي امريکا

Јужна Америка

سهيلي امريکا

Африка

افريقا

Азија

آسيا

Аустралија

آسټريليا

Атлантик

اتلانتيک

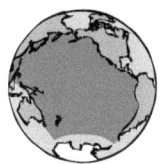

Пацифик

پاسيفيک

Индијски океан

د هند بحر

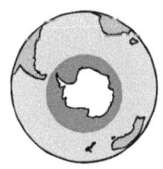

Антарктички океан

جنوبي منجمد بحر

Арктички океан

د شمال قطب بحر

Северни рол

شمالي قطب

Јужни рол

سهيلي قطب

Антарктик

انټارکټيکا

земља

ځمکه

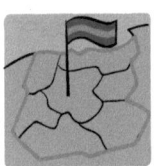

земља

ځمکه

море

بحر

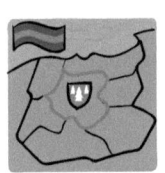

оток

ټاپو

нација

ملت

држава

دولت

сат

ساعت

бројчаник сата

....

د مخي ساعت

сатна казаљка

....

د ساعت ستنه

минутна казаљка

....

د دقيقي ستنه

секундна казаљка

....

د ثانيى ستنه

Колико је сати?

....

څه وخت دی؟

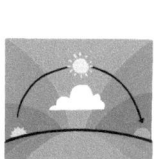

дан

....

ورځ

време

....

وخت

сада

....

اوس

дигитални сат

....

ډيجيټل ساعت

минута

....

دقيقه

час

....

ساعت

седмица

اونۍ

понедељак
دوشنبه
MO
среда
چهارشنبه
W
петак
جمعه
FR
TU
TH
субота
شنبه
SA
SO
уторак
سه شنبه
четвртак
پنجشنبه
недеља
یکشنبه

јуче

پرون

данас

نن

сутра

سبا

јутро

سهار

подне

غرمه

вече

ماښام

радни дани

کاري ورځې

викенд

د اونۍ پای

година

کال

киша
باران
дуга
رنګین کمان
ветар
باد
снег
واوره
пролеће
پسرلی
лето
اوړی
јесен
منی
зима
ژمی

4.APRIL 11°
5.APRIL 4°
6.APRIL 13°
7.APRIL 8°
8.APRIL 10°

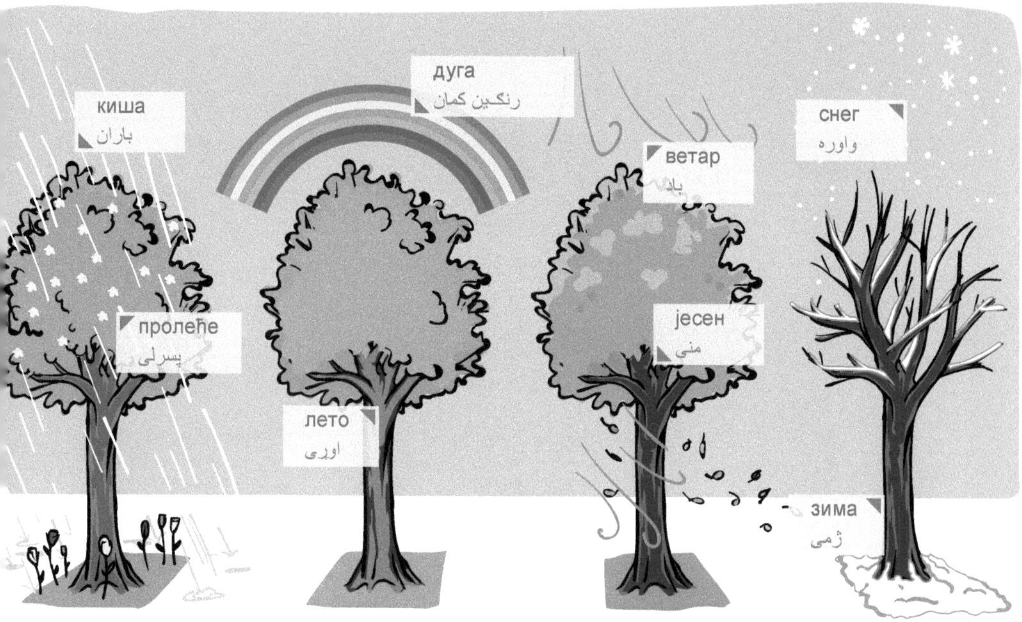

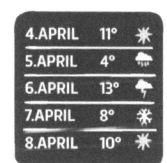

метеоролошка прогноза

....

د موسم وړاندوینه

F C
120 40
90 30
60 20
30 10
0 0
-30 -10
-20

термометар

....

ترمومیټر

сунчана светлост

....

د لمر وړانګې

облак

....

ورېځ

магла

....

لړه

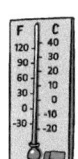

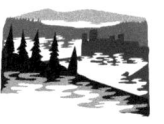

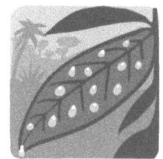

влажност ваздуха

....

رطوبت

муња

رڼا

грмљавина

تندر

олуја

توفان

туча

ږلۍ وریدل

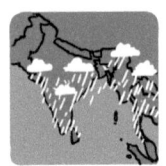

монсун

مون سون باران

поплава

سیلاب

лед

یخ

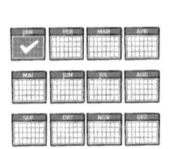

јануар

جنوري

фебруар

فبروري

март

مارچ

април

اپرېل

мај

می

јуни

جون

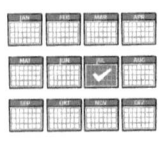

јули

جولای

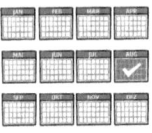

август

اګست

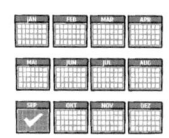

септембар

سپتمبر

октобар

اکتوبر

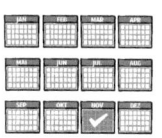

новембар

نومبر

децембар

دسمبر

облици

شکلونه

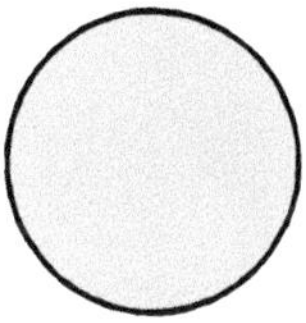

круг

دایره

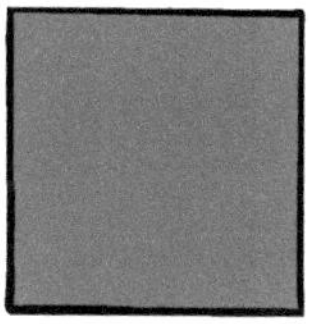

квадрат

مربع

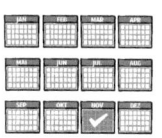

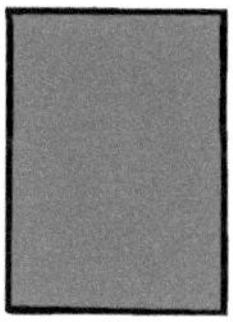

правоугао

مستطیل

троугао

مثلث

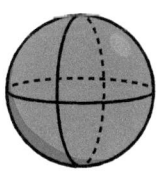

кугла

توپ

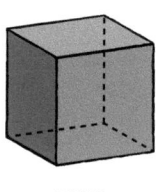

коцка

فال

боје
رنګونه

бела

سپین

жута

ژیړ

наранџаста

نارنجي

ружичаста

ګلابي

црвена

سور

љубичаста

ارغواني

плава

نیلي

зелена

شین

смеђа

نسواري

сива

خړ

црна

تور

супротности

متضاد

много / мало

....

خورا ډير/خورا لږ

љутито / мирно

....

قار/ارام

лепо / ружно

....

ښکلې/بدشکله

почетак / крај

....

پیل/پای

велико / малено

....

لوی/کوچنی

светло / тамно

....

روښانه/تیاره

брат / сестра

....

ورور/خور

чисто / прљаво

....

پاک/ککړ

потпуно / непотпуно

....

مکمل/نامکمل

дан / ноћ

....

ورځ/شپه

мртво / живо

....

مړ/ژوندی

широко / уско

....

پراخه/نری

јестиво / нејестиво

د خوراک وړ/نه خوړل کیدونکی

зло / добро

بد/مهربان

узбуђено / досадно

پاریدلی/بې خونده

дебело / мршаво

چاق/وچ

на почетку / на крају

لومړی/وروستی

пријатељ / непријатељ

ملګری/دښمن

пуно / празно

ډک/تش

тврдо / мекано

سخت/نرم

тешко / лагано

دروند/سپک

глад / жеђ

لوږه/تنده

болесно / здраво

ناروغ/روغ

илегално / легално

غیرقانوني/قانوني

паметно / глупо

هوښیار/ساده

лево / десно

کیڼ/ښي

близу / далеко

نږدې/لرې

ново / половно

....

نوی/زوړ

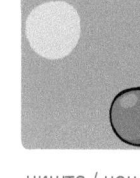

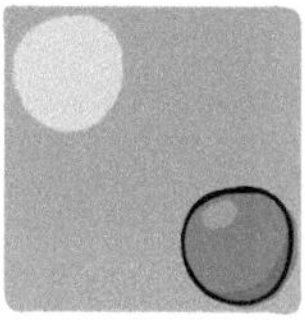

ништа / нешто

....

هیڅ/یوڅه

старо / младо

....

بډا/ځوان

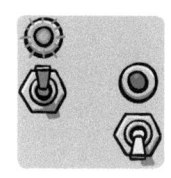

укључено / искључено

....

چالان/بند

отворено / затворено

....

خلاصد/ترلی

тихо / гласно

....

غلی/لوړ غږ

богато / сиромашно

....

بډایه/غریب

тачно / погрешно

....

صحید/غلط

храпаво / глатко

....

زیږ/ملایم

ıужно / сретно

....

خفه/خوښ

кратко / дуго

....

لنډ/اوږد

полако / брзо

....

سست/ګړندی

мокро / сухо

....

لوند/وچ

топло / хладно

....

ګرم/یخ

рат / мир

....

جګړه/سوله

бројеви

شمیرې

0

нула

صفر

1

један

یو

2

два

دوه

3

три

دری

4

четири

څلور

5

пет

پنځه

6

шест

شپږ

7

седам

اوه

8

осам

اته

9

девет

نهه

10

десет

لس

11

једанаест

یولس

12

дванаест

دولس

13

тринаест

ديارلس

14

четрнаест

څوارلس

15

петнаест

پنځلس

16

шестнаест

شپاړس

17

седамнаест

وولس

18

осамнаест

اتلس

19

деветнаест

نولس

20

двадесет

شل

100

стотину

سل

1.000

хиљаду

زر

1.000.000

милион

ميليون

енглески

انګلسي

амерички енглески

امريکايي انګلسي

мандарински кинески

چینایی مندرین

хиндски

هندي

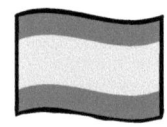

шпански

هسپانوي

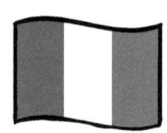

француски

فرانسوي

арапски

عربي

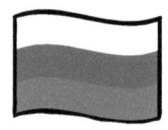

руски

روسي

португалски

پرتګالي

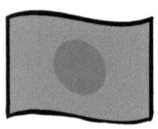

бенгалски

بنګالي

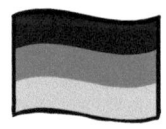

немачки

الماني

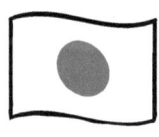

јапански

جاپاني

ja

زه

ти

ته

он / она / оно

هغه/د غه/دا

ми

موږ

ви

تاسي

они

دوي/هغوی

Ко?

څوک؟

Шта?

څه؟

Како?

څنګه؟

Где?

چیري؟

Када?

کله؟

име

نوم

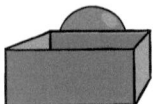

где

چيرې

иза

شاته

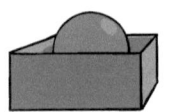

у

په

испред

په مخه کې

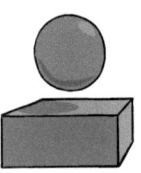

преко

باندې

на

په

испод

لاندې

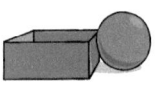

поред

برسيره پر

између

ترمينځ

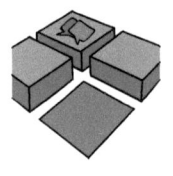

место

ځای